Un grito de angustia...
una esperanza en espera

Marisol Torres

Título: Un grito de angustia... una esperanza en espera

Portada y edición: ángel m. agosto
Fotos por Mari Torres

ISBN: 9781794120242

Colección Memoria
Apartado Postal 1393
Río Grande, Puerto Rico 00745
lustrodegloria@gmail.com
Hecho en Puerto Rico
Primera edición, febrero 2019
Segunda edición, julio de 2019

Un grito de angustia…
una esperanza en espera

Marisol Torres

Segunda edición

Dedico este trabajo a ti, a mí y a ustedes que son muy especiales, que se enfrentan a la vida con mucha valentía y sin temor a equivocarse y siempre de frente ante cualquier situación, sin miedo a lo que puedan enfrentar cada día. A ustedes, mujeres de Puerto Rico, que todos los días se levantan, trabajan, luchan por vivir y sobrevivir sin saber lo que la vida les depara. Que enfrentan la maldad, el discrimen, el desprecio, el machismo, la injusticia, y los problemas sociales.

Cada día intentan ser más humanas, más generosas, que ríen, que lloran, que aman, que luchan y que viven y se aferran a dar lo mejor ante cualquier circunstancia.

Que jamás reprochan conocer a la gente, sin importar de dónde vienen, ni quienes son, y si fallan, siempre estarán dispuestas a dar lo mejor de sí y superarse, y aunque estén cansadas y muchas veces decidan rendirse, siempre habrá un motivo, una razón para seguir, una inspiración y una esperanza.

Siempre estarán dispuestas a escuchar, ayudar y a brindar una mano amiga.

Siempre recuerden de dónde vienen y por qué aman y odian su pasado, que son experiencia que la Vida le dio y la lección más liberadora, que es amarse y aceptarse, tal es el mayor descubrimiento, que brillas con luz propia, y sabes que eres completa e incondicional, eres el transporte que utilizamos para dar vida, eres frágil, delicada, complaciente, alegre, vanidosa, compasiva, eres fuerza, placer, gratitud y dinamismo.

Sonríe, y hazlo mucho porque eres hermosa, eres la mejor creación porque tienes el más duro trabajo, el de ser mujer.
Marisol Torres

Índice

Nota biográfica

Marie Torres Pérez es una mujer puertorriqueña que, como tantas, ha tenido que vivir la incertidumbre de ser víctima de la decadencia creciente de una sociedad cada vez más convulsa, donde los valores humanos y el respeto a la vida parecieran carecer de toda importancia. **De cuna humilde, nace con comadrona, en el barrio Callejones en casa de su abuelo en su amado Lares, Altar de la Patria, donde tuvo una infancia feliz. Es hija tercera de seis hermanos.**

Desde muy joven mostró inclinación por el servicio, fungiendo como líder voluntaria en actividades sin fines de lucro para pagar operaciones de trasplantes y cáncer a personas sin recursos económicos. Trabajó desde muy joven en fábricas de textiles para sostener a sus cuatro hijos. Fue guardia de seguridad, coordinadora de eventos, consultora de belleza, y en seguridad pública con la policía municipal en Lares. Estudió locución con Manuel Esteban Alegría y es graduada como especialista en procesamiento de información y facturación médica. Es terapeuta física,

9

asistente de dirección y regidora de escena en la compañía de teatro sin fines de lucro La Cigarra, Inc. que presenta todos los años *La víspera del Grito*, con el montaje de la obra *El Grito de Lares, un momento en la historia* y la obra *La nación juzga.*

Buscando alivio a la pena infinita de perder su hijo menor, víctima de la violencia que reina en nuestro país, comienza a escribir como terapia. Este esfuerzo sincero genera este, su primer libro, que desde el comienzo nos cautiva, porque nos muestra desde su perspectiva particular, con el asombro de quien va descubriendo, según escudriña en su alma, las miserias humanas. Nos muestra a través de sus vivencias personales sus angustias existenciales, y profundiza en ellas hasta abarcar las causas determinantes que nos aquejan a todos. La desigualdad, el prejuicio, el abuso al más vulnerable, en beneficio del poderoso y, sobre todo, el calvario de la mujer acosada. Realidad cotidiana que padecemos, factores que nos afectan colectivamente, enfermando nuestra psique. Su lenguaje sencillo y directo nos va cautivando y nos conmueve. Devela los dolores de nuestra Nación irredenta, de todas las madres, de hoy y de siempre. Identifica la condición colonial

10

como la causa que todo permea, y no da más opciones a nuestros hijos para sobrevivir; que convertirse carne de cañón en las guerras del imperio invasor, o dedicarse a la delincuencia y el narcotráfico. Solo se les ofrece; corrupción y sometimiento en detrimento de nuestra cultura, familia y existencia como Nación.

En tales circunstancias es arduo mantener la fe, la alegría de vivir, la dignidad, el amor, y la disposición de ofrendar cada día, **al firme propósito de ser parte activa en la transformación social y la Libertad Patria.**

Sin embargo, esta brava mujer transforma tristeza en valor, y se levanta renovada, confiada en la creación de un futuro heroico, a fuerza de consciencia y resistencia. ¡Así es esta extraordinaria mujer!

Lo que nos conmueve profundamente es que, a pesar de todo lo vivido, aun mantenga su ternura intacta, su inocencia, su sonrisa sincera, su humildad, su actitud solidaria, siempre que hace falta un esfuerzo extra, y su esperanza viva, más allá de toda prueba. Esta hermosa y valiente representante de la mujer puertorriqueña, es parte del glorioso Cuerpo de Cadetes de la República, y de la junta Nacional del Partido Nacionalista de Puerto

11

Rico Movimiento Libertador. Trabaja arduamente y con entusiasmo para construir la independencia nacional. Y es ejemplo a seguir para quienes tenemos el privilegio de quererle.

Jerry Segarra

Estoy haciendo un mosaico

Pensé que todo estaba bien con mis hijos, que estaba muy feliz, cuando más compartimos y juntos estábamos, un día la vida nos sorprendió…

Me rompió el corazón en muchos pedacitos. Cada pedacito tiene una historia, una razón, un sentimiento, un motivo. Cada día que pasa voy tratando de pegarlos con mucho cuidado porque quedaron muy frágiles y débiles…

Estoy haciendo un mosaico. No está perfecto. Pero es hermoso unir cada pedacito. Sus partes ya no son iguales. Trato de unirlos más y más. Cuesta mucho trabajo hacer una obra de arte con un corazón destrozado…

13

Me han dicho que soy fuerte. Pero sabes, en realidad no lo soy. Solo tomo cada pedacito con mucho cuidado. Me han causado muchas heridas que aún no han cicatrizado. Cada gota de sangre derramada, cada lágrima que baja por mi mejilla solo me ha servido para sellar cada pieza y mantenerme de pie y continuar con mi obra. Cada pieza que logre unir es un triunfo.

He perdonado lo imperdonable. He amado, he sufrido, me he enfrentado a personas crueles, que discriminan. Pero no importa. Cada cual tiene su opinión y eso no me quita el sueño… Siempre he de continuar.

Me han dicho que soy noble, pero que llevo la tristeza en mis ojos. Mas no importa, la vida continúa. La humildad, el respeto, la amabilidad es lo que me hace más sensible ante cada ser viviente, a no mirar con desprecio a nadie.

En este mundo cada cual tiene una historia guardada que contar.

Agradezco a la vida que ha puesto ángeles terrenales en mi camino, que de alguna forma me han ayudado, me han dado una enseñanza. Aunque no merezca estar aquí, hoy sé que todo pasa por algo, por algún motivo. Todo tiene un propósito.

¿Que si duele...? ¡Sí, duele... y mucho!

Es un dolor que desgarra el alma, no se puede explicar la necesidad de gritar y no poder hacerlo... ¡no lo puedes superar!

No importa lo que pase por mi mente... ¡tengo que seguir adelante! Soy el soporte de otros que me necesitan.

Solo tengo que esperar el tiempo preciso para terminar mi obra con tranquilidad. He de decir al Creador del Universo: ¡misión cumplida!

Esos duros comienzos

Si bien pensando cuando miro hacia atrás hay otras personas en peores situaciones que yo, pero a mí la vida me dio duro...
Fue con un propósito, tengo una misión que cumplir. Desde que tengo uso de razón siempre he tenido que luchar para tener mis cosas y trabajar por los míos.

Me embaracé muy joven. Sin todavía terminar la escuela superior, tuve mi primer niño, mi primera bendición. Quizás, tal vez, por ignorancia o de alguien que me orientara adecuadamente. Para esa época todo era tabú. Jamás se permitía hablar de sexo, ni novios, de nada. Lo que se saliera de la norma patriarcal establecida era faltar el respeto a los mayores.

No tenía la confianza de hablar con mi madre, Para ella todo era malo. No importaba lo que habláramos, todo era negativo para ella. No fue fácil para mi madre criar seis hijos sola.

Mi padre nos abandonó cuando estábamos pequeños.

Luego me fui a terminar mis estudios. Conocí a un joven. Se convirtió en mi novio. Nos casamos. Tuve tres hijos con él. En relación

17

con el mayor, nunca hubo ninguna diferencia para él. Los cuatro eran iguales, siempre los trató a todos por igual.

Mi último hijo no lo esperaba. Yo trabajaba en una fábrica textil. No era fácil trabajar, dejar cuidando tres niños pequeños y cargar con un nuevo embarazo. Fue muy duro. No era que no lo quisiera, era que no lo esperaba.

Para ese tiempo tuve muchos problemas con el padre de mis hijos. Aprendí a amar ese pequeño que llevaba en mi vientre. Llegó el momento en que tuve que dejar de trabajar para asegurar un alumbramiento feliz. Podía perderlo, tenía problemas con el embarazo. Estuve en tratamiento hasta que nació mi pequeño, prematuro.

Mis otros hijos estaban pequeños cuando tomé la decisión de separarme de su padre. No fue fácil tener la responsabilidad de criar cuatro niños sola, mas no me quedaba de otra. Continuar a mis veintitrés años con cuatro niños, sin otro apoyo que mi propio esfuerzo y la ayuda de mi madre… ¡una responsabilidad muy grande!

Ese es el precio que se paga en nuestra sociedad cuando la ignorancia es atrevida. Seguí trabajando con la ayuda de mi madre. ¡Cuánto le agradezco! Sin su ayuda no hubiera podido salir adelante. Tenía que trabajar para mantenerlos y darles todo lo estuviese a mi alcance como madre responsable. Su papá los ayudaba en lo que podía y también compartía y velaba por ellos. Ellos aprendieron en el deporte de los gallos en el que su papá les enseño como tradición de familia. Trabajaba como juez en la gallera. Además, se desarrollaron en el baloncesto, volibol, boxeo, lucha libre. Estuvieron en la Liga Atlética.

Así fueron transcurriendo sus vidas. Crecieron y se destacaron mucho en la escuela en deportes. Pero se le hacía muy complicado ir a participar en torneos con otras escuelas. La directora para ese tiempo no les permitía salir y representar a la escuela. Eso los frustraba mucho, tanto a ellos como a los otros estudiantes.

Esta situación en la escuela fue motivo de protestas. Los estudiantes se revelaban y resistían, ya que no se les permitía participar en eventos deportivos. Los estudiantes y algunos padres decían que se discriminaba en contra de ellos.

Inclusive el maestro de educación física también nos informaba. Pero no podía decirlo públicamente por miedo a represalias.

A consecuencia de eso mis hijos tuvieron muchos problemas de conducta. No porque no fueran aplicados en la escuela. Entendían que el sistema era muy injusto en contra de ellos y sus compañeros, ya que muchos eran muy buenos en deportes. Se sentían discriminados por ser hijos de padres divorciados. Era algo que la sociedad marcaba para ese tiempo.

Como hermanos y como en toda familia humilde, sentían que tenían que luchar en contra del discrimen de la sociedad.

Siempre por diferentes situaciones, pero a la hora de tener un problema en la calle se defendían entre sí. Hermanos al fin, criados todos juntos, no se dejaban pisotear por nadie. Tenían que defenderse de las burlas y "bulling".

No me gustaba que tuviesen problemas, mas ellos se defendían a su manera.

Traté de mantenerlos juntos y darles lo mejor, lo que yo nunca pude tener. Que fuesen mejores personas para que no siguieran sufriendo el discrimen y fuesen tratados igual que a los demás.

Una tarea muy difícil en una sociedad muy machista, ser madre soltera para esos tiempos es una línea divisora entre las personas de clase.

Ya mis hijos estaban marcados ante una sociedad que solo se mide por lo que puedas tener y no por cómo es tu familia.

Los primeros en discriminar son el propio sistema que tiende a estigmatizar a los pobres y humildes y las personas que viven en los barrios y caseríos públicos, como gente carente de valores y moral. En fin, tener pocos recursos económicos, si están divorciados son familias disfuncionales. Siempre se señala y se habla de lo malo y no se destaca lo bueno que haces.

Pero ¡cuántas personas han salido de esos barrios o caseríos! ¡Cuántos han llegado a lo más alto y a sentir el orgulloso de lo que han logrado por su esfuerzo y dedicación! ¡Llegar con mucho sacrificio a ser profesionales, personas de bien!

En mi caso, por ser mujer, sufrí discrimen, malos ratos, acoso, humillaciones. En muchos de mis trabajos tuve que aguantar y soportar el tener que demostrar que soy lo suficientemente capaz de realizar cualquier tarea. Para poder mantener un trabajo digno, para sostener una familia que solo dependía de mi sueldo, traté de hacer la diferencia. Aunque fuera criticada me di a respetar.

Mis hijos

Mis hijos fueron creciendo y enfrentando esas situaciones. Cada vez las cosas se hicieron más duras. Cada uno hizo su vida. Mi hijo mayor, Ricardo Negrón Torres (Ricky, es terapista respiratorio, trabaja en un hospital. Los otros son Luis Javier Negrón Torres (Javier) y Edwin Joel Negrón Torres (Joel), y el menor, Tony.

Cada cual tomó su rumbo enfrentando el discrimen por parte de la policía y de personas sin conciencia. Como espíritus libres, no se quedaban callados ante las injusticias que veían, no solo en su contra sino también en contra de sus amigos.

El sistema tiende a tratar a estos jóvenes como delincuentes, sobre todo si están en grupos, porque hacen corrillos, como ellos decían.

Mis hijos trabajaron en campañas políticas en las cuales conocieron muchas personas influyentes e importantes en la política de altos rangos del país. Y, muchas veces, por no tener los mismos ideales, se vieron involucrados en diversas confrontaciones con la policía. Siempre terminaban señalándolos a ellos

23

como líderes de los grupos. Esto llegó a convertirse en un patrón por parte de las autoridades de mi pueblo. Como resultado, se sistematizó la persecución contra mi familia.

Como madre, estuve con ellos siempre, apoyándolos en todo. Aunque no estuviese de acuerdo con sus ideales, siempre los acompañé y estuve a su lado. Nunca los deje solos. Tenía esa responsabilidad como madre, mujer y ciudadana.

Los rumbos de mi hijo menor

A raíz de todo eso Tony, mi hijo menor, fue conociendo personas influyentes en la política, como expliqué antes. Entró en un mundo en el que, como se dice en la calle, se sale muerto o preso.

Se trata de un mundo en el que la sociedad marca a los pobres. Donde la gente y personas influyentes de nuestro país **esconden sus grandes intereses para lucrase de los más débiles e indefensos.** Su afán de lucro se monta sobre la ignorancia de nuestros jóvenes. Eso les permite alcanzar sus objetivos.

Lo más curioso de todo es que en nuestra Isla no se permite la entrada a barcos que vienen de otros países con suministros. No pueden parar para traer alimentos porque las leyes de cabotaje lo impiden.

Estos yates de lujos. muy veloces, nos traen la droga y también los sobornos para las autoridades.

Pero sí entran yates, barquitos y aviones, **los que son escoltados por los que se supone que pongan la ley y el orden**. Solo velan y protegen los grandes intereses y no ayudan al país, solo a los intereses de otros, pagados por nosotros, los contribuyentes.

Y bien, les pregunto. ¿quién tiene el control de las fronteras del país? Es irónico, ¿no? Entonces pienso que todo esto es provocado. Juzguen ustedes.

Ellos disfrutan con el dolor de otros, de las madres que sufren, las familias destruidas por las drogas... Un ejército que es difícil de derrotar, porque está avalado por aquellos que se supone que nos den seguridad y protección.

Un sistema que solo vela por los intereses de sus bonistas y mafiosos, que nadie los conoce porque se esconden detrás de un puesto político para engrandecer su capital, sin importar lo que pase con la gente y con el país.

Como decimos en el campo: es un tape.

Las leyes de cabotaje nos prohíben la importación de productos en barcos de matrícula que no sean los Estados Unidos, la más cara del mundo. Pero la droga entra libre.

El mundo de las drogas

Muchos de nuestros jóvenes caen en drogas y otros en la cárcel. Allí no existe rehabilitación alguna. "Rehabilitación" es una mentira, ya están marcados por el sistema y la misma sociedad, que los discrimina y los margina.

Adquieren un sello que se llama *record de conducta*. Que los penaliza y no les permite trabajar ni alcanzar una buena calidad de vida. Se les encierra en un círculo vicioso, dentro del cual giran sin cesar, así vuelven a lo mismo. Se instala como costumbre.

¿Qué pasa? Que por uno que haga algo mal juzgan a todos. Pagamos todos una misma condena. Donde sufrimos el discrimen, cuando dices tu nombre o apellido ya no sirves. Te juzgan sin conocerte porque pagamos todos por igual, solo por ser familias…

Esto no es una competencia entre compatriotas, no queremos tener guerra entre la gente matándose unos contra otros… nos vamos a quedar sin gente, todos somos iguales hermanos por nuestras raíces y de nuestra patria.

Discrimen y humillación

Ahora, yo como madre y mujer he tenido que enfrentar el discrimen, he sufrido tanto el maltrato físico y emocional por personas sin escrúpulos.

Quizás dejé pasar muchas cosas para no tener problemas. Al quedarme callada, permití la humillación de muchos en quienes pensé que podía confiar. He sido marginada, me he frustrado, desanimado, me sentí sola, me sentí muy impotente al no poder hacer nada. Como si tuviese mis manos atadas.

A muchos les decía que estaba bien. Lo hacía para no dar explicaciones.

A pocos le interesaba en realidad cómo me sentía. Pero cuando las cosas llegan a extremos, tomo acción.

Tal fue el caso de una compañía para la que trabajé. Tuve que demandarla. Fue por hostigamiento sexual y laboral.

Hoy día los dueños de esa empresa están presos por corrupción en el manejo de sus negocios con el gobierno.

Hacia adelante

Todo lo pasé. Sentí, aprendí, adquirí más experiencias para poder madurar y llegar a ser la persona que soy. Antes, todas las cosas que esperaban era solo el principio  de lo que la vida me tenía preparada y para poder tomar las cosas como llegaran.

Eché hacia adelante con mucha paciencia y calma, con respeto a cada semejante, sin importar la raza, ni la clase social, porque todos somos iguales. Somos seres humanos vivientes, capaces de mirar más allá de lo que podemos imaginar. Eso se aprende con los pasos de la vida, poco a poco, un día a la vez…

Trabajé en fábricas de textiles por años para levantar sola a mi familia.

Lo vi por última vez

De tantas experiencias que viví, la vida me sorprende con todo su poder...

Un día que nunca se me olvidará, mi vida cambio por completo. Dio un giro de trescientos sesenta grados. Fue el día más triste y desgarrador. Todos los sentimientos se encontraron. Un corazón destrozado, una mente confundida.

Jamás pensé que algo así pasaría, que no me tocaría, que eso pasaba con otros... pero no a mí.

Ver cómo mi vida se acababa en segundos, ver a mi hijo menor a eso del medio día por última vez.

Pasaron las horas. Él no llamaba, no me contestaba... Para mí fue muy raro... No importara lo que estuviese haciendo, siempre me contestaba: paraba todo y decía *es mi vieja y a ella sí le contesto.* A veces solo para decime te llamo ya mismo o estoy bien, luego te hablo, te amo viejita.

5:56 PM

A las cinco y cincuenta y seis de la tarde del miércoles 30 de enero del 2013, me contestó su pareja. Dijo que él me llamaría luego. Estaba ocupado haciendo un negocio.

Mientras ella me hablaba escuchaba personas en tono de voz muy alta. Me pareció extraño, pero lo ignoré. No le di importancia, pensé me llamaría tan pronto terminara.

Continué a ver mi nieta. La vi por varios minutos. Me fui rápido, no estuve mucho allí.

Mientras conducía hacia mi casa, se comunicó un joven, amigo de mi hijo. Me dice que él no le contesta el celular. Que había quedado en buscarlo temprano y todavía no había llegado.

Es por lo que procedo a llamarlo de nuevo. Tampoco me contesta. Lo llamé varias veces. Fue inútil. Él tenía dos celulares y su pareja uno. Con ninguno de los tres logré comunicación. Me comuniqué entonces con otro de sus amigos. Me dijo que lo llamó, pero que tampoco contesta.

Seguí hacia a mi casa, muy ansiosa. Le conté a mi hijo mayor lo que estaba pasando. Me dijo: *mami, es que tú te preocupas mucho…*

Algo estaba pasando

Mas yo sabía en mi interior algo estaba pasando. No sabía qué era. **La intuición de madre nunca falla.**

Estaba por salir con mi hijo mayor a cenar. Se hicieron las seis y treinta. Nos fuimos.

Mientras íbamos en el auto, recibí una llamada de mi primo. Me preguntó si sabía algo de mi hijo menor. Le dije que lo estaba llamando y no me contestaba. Él me preguntó que si él estaba bien. Le dije que no sabía puesto que estaba tratando de comunicarme y no me contestaba. Entonces mi primo me dice que luego me devolvería la llamada.

En ese momento decido comunicarme con mis otros dos hijos. Tampoco ninguno me contesta. Pasaron varios minutos.

Continúe llamando para saber de mi tercer hijo, no sabía dónde se encontraba, pensé que estaba con ellos y también el bebé de la joven.

¡Dime que no es verdad!

En esos momentos recibo una llamada de mi tercer hijo. Entre llantos y gritos me exclama: *¡dime que no es verdad!* Lo único que pude decirle fue que sí y... colgó.

Mi hijo mayor se comunicó al hospital en el que trabajaba y sus compañeros de trabajo le dijeron que sus hermanos estaban en el otro hospital, *uno con vida todavía.*

Yo solo iba rogando y pidiendo que estuviese vivo, que cuando yo llegara encontrarlo con vida.

Fue un suplicio llegar hasta el hospital de Manatí. En el trayecto recibí muchas llamadas. No quería contestar ninguna, solo quería recibir una sola llamada, la de mi hijo menor. Que eso no fuera cierto, que fuera una equivocación...

Continuamos hasta el hospital con la esperanza de encontrarlo con vida y poder hablar con él.

En el hospital

Al llegar a sala de emergencia había muchas personas, no sabíamos quiénes eran. Mucho policías, agentes, fiscales y personas en común allí en el área. Le preguntamos al guardia de seguridad si podíamos pasar. Nos indicó que teníamos que esperar, hasta que nos autorizaran, ya que él se encontraba en cirugía por lo que pensé que podía haber una esperanza.

Se nos acercó un agente y una fiscal que nos entrevistaron. Le pedí a mi hijo mayor, con quién llegué al lugar, que no diera ninguna información a nadie, por seguridad. Fuimos abordados por un agente de la policía. Por nuestra actitud reservada, pensaría que estábamos ocultando alguna información. No fue así. Solo estábamos en un área no segura para nosotros, cerca de donde ocurrieron los hechos.

Esperaba que todo fuera un sueño

Esperaba que todo fuese un sueño, que se levantara, que me abrazara. No fue así. Me acerqué hasta la camilla.

Ver esa imagen que jamás olvidaré. Se quedó grabada en mi mente.

Le pedí a los agentes que lo desarroparan.

Me preguntaron que, si ese era mi hijo. Me tomó un momento de silencio. Con lágrimas en los ojos y un nudo en la garganta les dije que sí. Les pedí que si podían quitarle la sabana para verlo completo. Aceptaron.

Me acerqué. Me grave cada orificio de bala, cada cicatriz, su carita, su rostro, cada detalle de aquel cuerpo que allí yacía.

Jamás se me ha olvidado. No sabía qué pensar. Solo que era mi pequeño, mi niño, el que tuve en mi vientre, el que amamanté, el que tuve en mi pecho al lado de mi corazón, el que se me sentaba en mi falda aun siendo grande, el que me hacía reír con sus loqueras, el que no me dejaba sola, el que me preguntaba *ya comiste, te llevo a comer, necesitas algo.*

No podía creerlo…

47

Nos dicen que tenemos que salir de allí y aún más la vida me cambió tener que dejarlo en aquel sitio, sin poder acompañarlo, sin consuelo alguno.

El tiempo se detuvo

Mi vida se quedó allí con el mi corazón. Se detuvo el tiempo, dejó de correr, se paralizó todo mi ser.

Al salir de allí se me acercó una joven. Me dijo que podía trasportarlo a forense esa misma noche. Me sorprendí mucho, pero le dijimos que sí. Ya no podía hacer nada más. El agente y la fiscal que allí se encontraban me dijeron que tengo que estar en forense a las siete de la mañana para la identificación del cadáver. Solo pensé que cadáver sí es mi niño.

En el perímetro del hospital ya habían llegado varias amistades y mi tercer hijo.

No fue fácil decirles y mantenerme de pie, Porque si yo colapso, los demás también. Era su apoyo. Tenía que ser fuerte demostrar una fortaleza que no tenía.

De regreso a Lares

Cada cual se fue por su lado. Yo tuve que conducir hasta Lares estaba lloviendo no sé cómo llegué.

Cómo darle cara

Durante el trascurso del camino iba pensado cómo explicarle a la madre de aquella joven lo que pasó. *¿Cómo darle cara?* Pensando en todo... Me sentía muy mal todavía no recuerdo muchas cosas que pasé.

Llamé a una amiga le pedí que me acompañara a la casa de la pareja de mi hijo. Fuimos. No había nadie.

Un vecino nos indicó que se habían llevado a la señora al hospital. Llegamos hasta el hospital. Estaba muy mal. Mi corazón, lo que me quedaba de él, se me rompió aún más, al escuchar una madre decir *es su única hija.*

Fueron solidarios conmigo no tuvieron reproches. La señora me dijo *quien hizo feliz a mis hijos, me hizo feliz a mí en el tiempo que estuvo con ella para mí es como un hijo, eso vale mucho, nunca se me va a olvidar todo lo que hizo por ella la hizo feliz.* Nos abrazamos y me marché del hospital.

En casa de mi madre

Ya eran las cuatro de la mañana cuando llegué a la casa de mi madre. Se encontraban mis otros hijos, familiares y amistades.

Fui al cuarto a ver a mi madre. Ya ahí no aguanté, no podía verla así con tanto dolor y sufrimiento. Pero tenía que mantenerme fuerte.

El forense

Tenía que estar en forense a las siete. Solo tomé un café.

Le pedí a mi cuñado, el esposo de mi hermana, que me acompañara. Él condujo hasta allá.

Al llegar a forense, esperamos varios minutos. Entré y me mostraron las fotos de mi hijo para su identificación. Me indicaron que hiciera gestiones con la funeraria para que cuando estuviese listo lo fueran a buscar. Procedí a comunicarme con el padre de mis hijos para que hiciera esas gestiones.

Al salir de forense se encontraban muchos de los medios de comunicación y de la prensa local. Les pedí que no me enfocaran. Pero al salir había demasiados. Fue horrible. No había privacidad, ya que el caso se hizo público.

Buscamos a un amigo de mi hijo, lo recogimos en su casa en Carolina. Él se comunicó a su vez con los amigos cantantes. El propósito era dedicarle una canción. Le confirman, que estuviésemos por la tarde en el estudio.

La funeraria

Se comunican de la funeraria conmigo. Estarían dispuestos a brindar su servicio. No fue fácil ir a la funeraria a escoger las cajas donde van a reposar mi hijo y su compañera, coordinar servicios fúnebres. El dueño de la funeraria Pedro L. Boneta Soto (Lucho)y su esposa, Carmen González Rodríguez, dueños de la funeraria Boneta donaron las cajas de ambos y los arreglos de flores. Fueron muy amables y sensibles.

Aguanté tanto… ¡Ya no podía más!

Pero todavía faltaba… tuve que buscar la ropa que se le tenía que poner para verlo por última vez.

Ver tantas cosas, escoger cada detalle, jamás pensé que fuese yo a enterrar a mi hijo. El orden natural dice que ellos me enterraran a mí. Creo que es ley de vida.

Así fue transcurriendo el día entre tramites, sin descansar ya estaba agotada tanto física como mentalmente.

La canción

Durante la tarde tuve que ir hasta Cataño al estudio de grabación pues ellos querían que estuviese allí, ya que se grabaría la canción que solicitamos.

Fue otro golpe más. Estaban varios amigos en el estudio de grabación con los que mi hijo compartió en vida. Ya la canción estaba casi completa. Cuando entré todos estaban con lágrimas en sus ojos. Comenzó a escucharse la canción. En verdad fue muy difícil.

Letra de la canción:

lo que sucedió, fue algo que no estuvo en mis manos, el destino me traiciono en un momento no indicado, no pude despedirme antes de yo irme, escúchame lo que voy a decirles

hoy estuve aquí no se si mañana estaré solo miren al cielo que de allá arriba los cuidaré...hoy estuve aquí no se si mañana estaré solo miren al cielo que de allá arriba los cuidare...

tu familia está sufriendo porque nunca imaginaron que la nena de la casa algún día se la llevaron, uno nace y uno sabe que algún día va a morir pero encontrarte en esa forma quién lo iba a decir. una niña como tú aparece en el baúl de un carro cada día que pasa digo que este mundo está más raro,

más noticias malas más cosas inexplicables otro niño que se queda sin su madre para hablarle... más noticias raras más cosas inexplicables otro niño que se queda sin su madre para hablarle.

con tan solo ocho meses no sabe lo que ha pasao, no sabe que en este mundo su madre se la han robao y ahora quien le explicará a ese niño que creció sin su madre sin afecto ni cariño. yo sé que para el niño nunca habrá una explicación el mundo le robo a su madre y pa' eso no reparación y es que nadie va a sentir lo que su familia siente este mundo es traicionero y nos sentimos permanentes

más noticias malas más cosas inexplicables otro niño que se queda sin su madre para hablarle... más noticias malas más cosas inexplicables otro niño que se queda sin su madre para hablarle.

otro niño que se queda sin el amor de una madre con tan solo 17 años de edad quien lo diría que algo así le pasaría a esta niña en qué mundo estamos viviendo vamos a recapacitar y vamos a pensar no solo en nosotros sino que los demás también tienen familia

Tony y Zamir te habla Joel tu sangre y tus hermanos los Negrones Inc te deseamos que descanses en paz y que cuando me toque ese día tu estarás esperándome con Zamir y me recibirás con los brazos y me dirás bienvenido al Paraíso te amo hermano

nueve de la mañana tomando café frente a mi Ventana recibo un texto que se cayó el brother de un pana esta cabrón una historia de nunca acabar los que nacimos en la calle ahí solemos terminar, pero que parte de nuevo sin podernos despedir entre recuerdos y lágrimas hay que dejarlos ir momentos puros en que papa dios siempre le cuestionó aunque me reserve cosas que nunca le menciono trabajar tanto y buscármelas como puedo si cuando me valla con na' de eso me llevo... levanto mi voz hoy en nombre de Tony y Zamir que partieron de la tierra para el cielo vivir.

coro
hoy estuve aquí y mañana no estaré solo miren al cielo que de allá arriba los cui-

64

daré... hoy estuve aquí y mañana no estaré solo miren al cielo que de allá arriba los cuidare

hoy recuerdo los momentos en los que compartimos mi alma en al calle nos deja claro que nacimos y morimos pero nadie sabe ni la hora ni el lugar mucho menos donde el diablo se esconde a mora máscaras y disfraces de panas que a tu lado se hacían llamar diz que tus hermanos no confíes en fulano ni mengano tu vieja te decía pero algo latía en tu pecho esa es mi cría hey Tony ahora todos te juzgan eso fue en busca de money miles de acertijos sin repuestas de lo que estoy consciente que el GOBIERNO abarca todo y nosotros en la calle joseamos en el lodo

hey yo Tony te habla Angelo tu hermanito te es mi sueño... no es mi sueño es el tuyo gracias a ti por todo por tu apoyo en la carrera musical de cada uno de nosotros en el barrio te llevo en mi alma.

65

coro
hoy estuve aquí no se si mañana estaré
solo miren al cielo que de allá arriba los
cuidare...hoy estuve aquí no se si ma-
ñana estaré solo miren al cielo que de
allá arriba los cuidare

Tony sabes que llevo de cora los quiero
con cojones te agradezco a ti y le agra-
dezco a los que estuvieron ahí junto a mí
y a mi familia También a los muchachos
de urban family el grupo de máscaras
los fenómenos y maleanteo, muchas
gracias de parte de Alcaeda Incorpora-
ted Jonhny Boom Boom, Pacho, Cirilo,
Alexio, Angelo y Joel Negrón l

Los Bothers Incorporated sabes que
amo y te extrañaremos y mi familia tam-
bién te queremos.

oye Tony siempre te voy recordar donde
quieras que estés esto no es un adiós es
hasta luego de parte de gasper la mente
musical

yo sé lo que es el dolor de la pérdida de un hermano ya que en el 2000 yo perdí uno y lo amaba de todo corazón el daba todo por mí siempre me decía tú vas a llegar lejos y yo confiio en ti y yo veo lo que muchos no ven en ti

Tony y Zamir tus brothers Bartolo y Mejico y la J, los chip, chito, rule, Javier, Ricky estos son personas que siempre estuvieron para ustedes y siempre los van a recordar siempre los van amar en cada momentos de sus vidas cada ves que miren al cielo van a decir yo me siento orgulloso de que ellos fueron mis hermanos y los conocí y tu mother que te ama de corazon MARISOL la mamá de los brothers la familia Alacedas Incorporated Pacho Cirilo Alexio la bestia en memoria de Tony y Zamir Johnny Boom Bomm Valdo la eminecia Alcaedas Incorporated.

En mi casa

Ya se había hecho de noche cuando por fin llegué a mi casa para poder descansar. Se me hizo tan difícil este proceso. No creía lo que estaba viviendo. Cansada, con sueño, hambre, débil, desorientada, con mi corazón hecho pedazos, pero aun todavía faltaba lo más difícil, el próximo día.

Así que tenía que descansar.

Al día siguiente fui a la funeraria. Me encontré con muchos amigos de mi hijo. Personas que no conocía llegaban donde mí. Me sentía en otra dimensión. Pensaba *esto no es real*.

Esperaban muchas personas la llegada de los cuerpos, incluyendo la prensa que allí se encontraba. Jamás me identifiqué con nadie solo entre, no permití que la entrada a la prensa, solo quería respeto y privacidad.

Muchas personas que todavía no recuerdo estuvieron allí, tuve muchas lagunas en mi mente, borré muchas cosas, todo era muy extraño me sentía en otro mundo.

Por primera vez en mi vida veía toda la familia reunida, inclusive familiares que nunca había conocido. Muchas cosas pasaron por mi mente: ¿que había hecho mal? ¿porque paso esto? ¿que hice con mis hijos? ¿en qué fallé? ¿en qué los convertí?

Lo único que deseaba era que mi hijo estuviese vivo.

Un día más muy difícil. Quería estar sola. Esperando todo un día hasta llegar la noche a eso de las diez pudieron ponerlos en capilla ardiente.

Había mucha gente, no se podía ni caminar, la funeraria se abarrotó de personas. Fue un momento muy duro ver mi hijo y su pareja allí juntos, verlos en esas cajas, parecían dormidos.

Sentí la necesidad de pedirle perdón por no ser una madre que lo encaminara por el camino correcto. Sentí que no lo pude salvar. Para una madre un hijo es lo más sagrado que existe. Lo cuida y lo protege de todo. Y yo daría lo que tengo y no tengo por estar en su lugar, devolverle la vida. Me hubiese parado frente a él, recibir en mi cuerpo cada impacto. ¡Cuanto yo daría por cambiar mi vida por la de él! Cambiaría su lugar por el mío, que fuese yo la que estuviese allí y no él. *Mi bebe, mi niño, mi flaco*, toda mi vida yacía inmóvil en un cuerpo frio. Se me desgarraba el alma verlo allí. Jamás me perdonaré no haber dado mi vida a cambio de la de él.

Los asesinos

Al día siguiente en la funeraria no quería alejarme, solo quería estar a su lado acompañarlo sin importar nada. **A la vez pensaba aquí estarán los responsables, aquí estarán los asesinos.**

No confiaba en nadie. Miraba todo, muy desconfiada. Pero con un dolor tan grande que no podía ni hablar, siempre me mantuve en silencio, entre tanta gente que llegaba y sin saber quiénes eran.

Al llegar la noche tener que irme a mi casa ya no se podía hacer nada mas solo esperar al día siguiente, el día más fuerte su despedida.

Ya domingo llegamos a la funeraria. Durante esa mañana los dueños de la funeraria me piden reunirse conmigo. Paso a la oficina.

Me informan que hizo coordinaciones con la iglesia católica, que ellos darían una misa al mediodía. Pero el sacerdote había cancelado los servicios.

Marisol Torres   *Un grito de angustia, una esperanza en espera*

Discriminados hasta el final

Dijeron que no los recibirían, ni daría el servicio acordado por las consecuencias ocurridas. Un servicio coordinado por la dueña de la funeraria. Ella dijo que si eran de personas pudientes los aceptan en la iglesia.

Dijeron que llamarían a la prensa, lo que no acepté. Entendí que era otro discrimen esta vez por parte de la iglesia católica. Luego procedí a hacer gestiones con un pastor, padre

de uno de los amigos de mi hijo. Me dijo que
daría el servicio en la funeraria.

Un sargento de la policía se me acercó y
me dice que ellos van a escoltar el funeral.
Por supuesto, les dije que NO. ¡Que irónico!
¡Antes los perseguían!

Fuimos hasta el cementerio acompañados
de mucha gente entre canciones, caminata, y
una inmensa caravana. Desde el entierro de
Toño Bicicleta, medio siglo antes, no tenía lugar en Lares una manifestación de duelo de

aquella magnitud. Las caravanas de autos parecían no terminar. Solo se respiraban aires de solidaridad.

Se depositaron los restos de ambos, de mi hijo Tony y su compañera Zamir. Quedaron en una tumba fría.

Tuve un relato de cómo ocurrieron los hechos. Cuando los atacantes fueron a disparar, Tony abrazó a su novia para protegerla de las balas. Él recibió en su cuerpo casi todos los impactos, en un acto de entrega en el último instante de su vida.

Cuando fuimos a depositar los ataúdes con los restos no había sepulturero asignado. El municipio se Lares no había enviado a nadie y el dueño de la funeraria, Pedro L. Boneta Soto (Lucho), con las personas que allí se encontraban, tuvieron que hacer la mezcla y cerrar el Panteón, trabajo que no le correspondía, pero que aun así, lo hicieron.

Después de ese día comencé a ir casi todos los días al cementerio, A llevarle sus flores favoritas, rosas azules.

La carta

Un tiempo después buscando entre sus cosas encuentro una carta que me había escrito. Dice así:

Para: Marisol Torres (mami)

De: Tony

Querida mami, me he dado de cuenta que eres muy especial para mí y yo he sido un mal agradecido, siempre te falto el respeto y te llevo la contraria en todo, pero ya basta, de hoy en adelante prometo respetarte, cuidarte y saber valorarte. TQM.

Estuve llorando todo el día y no se imaginan cuánto.

El juicio

Luego pasado un tiempo los agentes del CIC me hacen entrega de sus pertenencias, su cartera y documentos personales. Pasaron unos días y ya sabían quiénes eran responsables del doble asesinato y los procesarían.

...pero ya basta, de hoy en adelante prometo respetarte, cuidarte y saber valorarte.

Al pasar varios meses siguió el proceso del juicio. A los cinco meses me da cáncer y tuve que pasar un proceso, tratamiento y luego una operación. Salí victoriosa. Tenía otra oportunidad para vivir.

Luego de varios meses y procedimientos por fin se ve el juicio en su fondo. Los asesinos estaban en sala. Pasé dos semanas muy duras, de ocho de la mañana que entraba al tribunal hasta seis o siete cuando salía de allí, ver las caras de los asesinos. ¡Estar frente a quienes me habían arrebatado mi vida y a sus familias!

Los familiares de uno de ellos pidieron hablar conmigo, los fiscales no querían. Yo acepté, escuché lo que me tenían que decir, solo los escuché…

No sabía qué decir, ni cómo mirarlos. Tenía muchos sentimientos encontrados. Solo pude decir en el mismo barco dónde se encuentran ellos ahí estoy yo, pagamos todos la misma condena, nada de lo que suceda en esta sala me devolverá la vida de mi hijo y su compañera. Solo pude ver el sufrimiento y el dolor por familias que sufrían tanto como yo, por los suyos claro en circunstancias diferentes.

Somos una estadística

Javier Joel y Ricky y mis nietos

Pude darme cuenta de que todos somos víctimas fatales, creados para destruirnos como pueblo, entonces comprendí muchas cosas. Solo para el sistema de justicia es solo un caso más para resolver, con un número para archivar, simplemente somos una estadística.

Todos estamos condenados a vivir en un sistema que solo quiere personas a su servicio, o esclavos, que esto es un negocio para los grandes intereses. Que Puerto Rico es un sitio estratégico, un punto de referencia. Sirve de puente entre los países para el trasporte y tráfico de drogas, sin medir las consecuencias de los que suceda con nuestra sociedad y nuestros jóvenes.

Dónde está la rehabilitación

Entonces me pregunto, ¿dónde está la rehabilitación? ¿Qué hacen con las personas? ¿Qué estamos haciendo para enfrentar esto como país? ¿Qué nos pasa?

Pude entender muchas cosas que todo es un negocio a costa del sufrimiento de muchas familias, sin importar el sufrimiento y el dolor de la gente.

Momentos antes de leer la sentencia solo ore mucho y pedí paz para mi alma, que pudiese salir de allí sin rencor, ni odio, con fuerza para poder llevar una vida en armonía, en paz y tranquilidad… y saben sentí el deseo del perdón y lo hice, pude perdonar. Salí de la sala con un alivio muy grande en mi alma y a la vez tristeza y un dolor en mi corazón. Pues no importa el veredicto, aunque fue justo, eso no me devolvía a mi hijo, ya estaba muerto. Los veredores responsables todavía en la calle.

Fui educándome, aprendiendo, buscando más información, adquiriendo más conocimiento.

Llegué a la conclusión de que todo lo que pasamos en nuestro país es causado por un imperio, que no mide las consecuencias, que no le importa lo que pase en nuestro país.

Que ellos son los que controlan nuestras fronteras, que tienen la tecnología y radares más modernos del planeta que son capaces de detectar cualquier cosa excepto los aviones y barcos de los narcotraficantes, que nosotros ni nosotras, mandamos ni en el suelo donde nos paramos ni en la tierra donde vivimos.

Esto es una administración llamado gobierno pero que en la calle se le llama mafia. No debemos dejar que nos sigan destruyendo, no queremos más sufrimiento, ni violencia, ni más muertes, queremos una sociedad justa, un país libre que podamos vivir en paz y armonía.

Cada dolor de una madre es mi dolor, me identifico con ellas. Cada vez que veo que un joven muere lo sufro tanto y lo siento como si fuera mi hijo, soy una madre como tantas en la isla que pasan todos los días la misma situación y esto ya tiene que terminar.

Conclusión

"**S**olo piensen"

"Juzguen ustedes"

Solo quiero crear conciencia a todos y que conozcan cómo fue mi vida. Quiero seguir apoyando a todas las madres y familias que han pasado lo mismo que yo. Soy una madre y una mujer dispuesta a morir y dar la vida  por sus hijos y por su patria. Hay madres que no importan como sean, luchan y son capaces de enfrentarse a lo que sea por su familia.

Somos de la estirpe de mujeres que jamás abandonan a los suyos. Quiero una patria libre, un lugar que sea nuestro, donde vivir sin discrimen, sin odio... vivir en paz. Construir una mejor calidad de vida, sin violencia, sin estereotipos, sin racismo, sin diferencias de clases sociales. Deseo que seamos capaces de vivir en una sociedad donde se nos permita ser dueños de nuestro propio espacio, un país libre. ¡Vivir en libertad!

Saben…

El cambio no vendrá por medio de las religiones, ni de los políticos, ni mucho menos del gobierno. El cambio se dará por medio de cada persona, de cada ciudadano y ciudadana, que asuma la responsabilidad de sus propios actos. Tenemos un deber, un compromiso y una responsabilidad por lo que está pasando en nuestro país, que nos afecta a todas y todos como pueblo.

Tengo esperanza de que todo esto cambie, para el bien de nuestra nación. Creo en mi patria, tengo fe en mi gente. El ser libre nos da la posibilidad de decidir y asumir responsablemente nuestro destino. Tenemos que mover las conciencias de nuestros ciudadanos y ciudadanas para elegir el destino de nuestra nación, para disfrutar plenamente de todos los recursos que nuestra isla posee y continuar luchando para tener una sociedad justa y un país libre, luchar por una mejor calidad de nuestro país, para poder dejar un legado a nuestros descendientes, que son el futuro. Para que tengan un país digno y libre en el que vivir y sientan el orgullo de su patria. Y sean dueños y dueñas de su tierra.

Estoy comprometida con ustedes. Seguiré luchando por mi amada patria en la cual nací y decidí quedarme hasta que muera.

Eres todas las mujeres

Mari:
Eres todas las mujeres en un verso
y a la vez la tonada más sentida,
Eres la flor de mil aromas dulces,
Brisa de una noche tibia y serena.
Eres remanso de paz, en medio de la espera asesina
Lagrimas secas, que en rosas germinan.
La niña, la joven, la amiga, la mujer que espera,
La madre que abriga, eres perdón constante manojo
de penas y alegría
Canción temprana en la mañana y luz al caer el día.

Eres la voz callada que grita,
Brazos y pies firmes, cuando pisas por la vida,
Eres la sal de la tierra, las memorias de una vida,
Resplandor eterno.
Eres patria, eres lucha, eres ganas por la vida,
Aun cuando la tierra tiembla, quedas callada
y erguida.
Levanta tus brazos partidos y tus manos encendidas,
Clamando por otras justicias, eres la madre del fuerte,
Flor de amor, prenda querida.
Muchos te llamaran Mari Torres,
pero yo, te llamo amiga mía.

Poema por Amador Ruiz Cisco
26 de enero de 2019, Lares, Puerto Rico.

Referencia:

Estos siguientes datos son tomados de:
6 de mayo de 2018

El Centro de Tesis, Documentos, Publicaciones y Recursos Educativos más amplio de la Red. (2010- 2011)

http://www.monografias.com/trabajos94/legalizacion-drogas-puerto-rico-yestadisticas-criminalidad/legalizacion-drogas-puerto-rico-y-estadisticascriminalidad.shtml#ixzz5CDYlo3Hl

La mayoría de los delitos están relacionados al tráfico ilegal de drogas. Es como un75 % de los delitos en la isla.

•El 5 % de la población en Puerto Rico es adicta y dependiente de una droga ilegal.

(Esto es un 35 % más alto que el promedio mundial).

•8 de cada 10 convictos estaban desempleados al momento de cometer el delito.

•1 de cada 2 estudiantes en el sistema de educación pública no pasa del 9 grado. Curiosamente el 52 % del convicto no terminaron el 9 grado.

•El costo de un confinado (reo) es de $40 mil al año.

93

•**El costo de un niño en el sistema de educación pública es de $7 mil por año.**
Según las Naciones Unidas, el tráfico de drogas genera $400.000 mil millones anuales, lo cual representa un 8% del comercio mundial, comparable con la industria de textil. Dicho botín representa una tentación irresistible para los criminales del mundo. Puerto Rico es un país de los más altos que tienen alta incidencia de muertes a causa de robo, crímenes de odios, por violencia doméstica, por venganzas, pero también de las muertes que ocurren es por el uso y trasiego de drogas.

Esto no lo digo yo lo dicen ellos sobre las drogas ilegales.

¿Ahora Pregunto y las drogas legales?
Saben cuáles son las drogas legales.
Adictos pero legales *(Los medicamentos, alcohol, cigarrillos, juegos legales (crean jugadores compulsivos adictos al juego etc.)* Ej.

Las farmacéuticas antes hacían medicamentos para curar enfermedades, hoy día las hacen para crear adictos legales, por lo que es un buen negocio al comercio mundial.

Cuanto es el costo de un tratamiento para cualquier enfermedad ej. Cáncer trasplantes

94

etc. Cuestan demasiado y los que los planes médicos no cubren, es un buen negocio o no.

PRESENTACION DEL LIBRO DE MARISOL TORRES: *Un grito de angustia... una esperanza en espera*

En esta noche tenemos el privilegio de dar a conocer el libro, *Un Grito de Angustia...Una Esperanza en Espera*, de la compañera Marisol Torres Pérez.

Para mi constituye un honor hacer esta presentación. Aún antes de leerlo supe que se trataba de un trabajo valioso. Mientras Mari, con gran humildad, me lo describía, podía percibir fuertes corrientes de sentimientos profundos de experiencias angustiosas, de inmenso dolor, y momentos difíciles vividos, superados, pero jamás olvidados.

La grandeza de las personas se mide por la capacidad que tengan para levantarse una y otra vez y retomar las riendas de su vida sin permitirle a las vicisitudes que se les presentan que le detengan o definan. La nobleza se hace evidente por su espiritualidad entendida esta como una manera de vivir libre de individualismos, egoísmos y rencores, reconociéndose unida a las demás personas, como parte de un pueblo, entendiendo que lo que le sucede a nivel personal es solo una expresión de lo que se vive en el país, de la realidad que se comparte con miles y hasta millones de personas. A través de este libro Mari nos revela tanto su espiritualidad como su grandeza como acabamos de definirlas y su nobleza al abrirnos su corazón y compartir con nosotras y nosotros tanto su dolor como su esperanza.

Estamos frente a una mujer fuerte, de pocas palabras, pero de mensaje estremecedor. El género litera rio es autobiográfico, o sea, un escrito en primera persona a través del cual la autora nos narra eventos de su vida de acuerdo a cómo los vivió. No se trata de una novela interminable llena de destalles de todas las etapas de la vida sino más bien de un relato corto de momentos que dejaron su huella distintiva, honda, que marcó el resto de su existencia. Al navegar por sus páginas nos encontramos con una madre soltera, una mujer trabajadora hostigada por ser mujer en el campo del trabajo y una madre a quien le asesinan uno de sus hijos: el menor de cuatro.

Lo asombroso de su narrativa es que no hace de estas escenas un drama que centre la atención en ella misma, sino que desde ellas reflexiona sobre la realidad del país y las causas que crean estas situaciones dolorosas para tantas mujeres y madres. Las proyecta como acontecimientos frecuentes, aunque deplorables y los relaciona a nuestra realidad política, colonial. En ningún momento se identifica como víctima, por lo cual independientemente de la fuerza terrible negativa que arroje sobre ella lo ocurrido, no la destruye, no la vence. Porque no se coge pena, aunque tenga el corazón partido puede mantener la mente abierta, las emociones controladas, y la atención enfocada en lo que queda y no en lo irremediablemente perdido. Estamos frente a una mujer completa, excepcional: de valores constantes, entendimiento claro, visión amplia y esperanza viva.

No podemos menos que identificarnos con su dolor de madre y su condición de mujer en una sociedad machista. Al pasar las páginas sabemos que estamos siendo obsequiados con algo de gran valor, que nos encontramos en un sitial sagrado donde se nos muestran las entrañas abiertas de par en par, se nos hace partícipe de unas experiencias únicas, de intimidad total.

Este es un relato corto, sencillo, íntimo, provocador que nos confronta con la realidad de un sistema plagado de violencia, drogadicción, injusticia, desigualdad, discriminación por género y posición social y persecución política, que nos reduce a una estadística por la falta de humanidad de quienes ostentan el poder que nos utilizan y luego nos relegan al olvido como cosas inservibles. Mari hace las denuncias pertinentes de una manera interesante sin ser panfletista.

En el libro afloran otros temas que levantan el interés del lector. Entre estos se destacan la culpa, la solidaridad y el perdón. La culpa se sitúa en el momento de confrontación consigo misma en lo ocurrido a su hijo. Se trata de un proceso doloroso, inevitable de reflexión que lleva a la persona a repasar su vida y la de sus seres queridos, procurando identificar si se hizo siempre lo mejor.

La solidaridad la encontramos a través del escrito comenzando por la de su propia madre quien también crio a su familia sin la presencia del padre en el hogar, al ayudarle en la crianza de sus hijos, atravesando por la de los hijos y sus amigos, la familia, las mujeres, sobre todo las madres que sufren pérdidas similares, culminando con la de la comunidad y todo un pueblo.

Sabiendo que se trata de un escrito verídico, la capacidad de la autora para perdonar es una de las contribuciones más inspiradoras que recibimos. En medio del dolor desgarrador causado por la matanza de uno de sus hijos, detenerse a dedicarle tiempo a la introspección, enfrentándose a los sentimientos más profundos y escogiendo perdonar a los autores de tan enorme barbaridad, **es un regalo inesperado**. Al hacerlo nos confronta, aun sin preponérselo, con nuestras pasiones, reacciones que pueden ser insensatas, arropadas de sed de venganza que nos dañan sin causar ningún pesar, tropiezo o dolor a las personas a quien pueda ir dirigida. Perdonar es un bálsamo sanador que más ayuda a quien perdona que a quien es perdonado. Perdonar es de sabias y sabios, de personas emocional y síquicamente saludables, que se merecen nuestra admiración y respeto. Ahí situamos a nuestra autora.

Para describir el proceso de sanidad y recomposición, Mari utiliza la metáfora de la creación de una obra artística, pictórica, de gran belleza, elaborada de pequeñas piezas, que pueden ser de piedras, cerámicas o vidrios de diversas formas y colores: el mosaico. Pedacito a pedacito se compone la figura. El proceso es lento pero constante, doloroso a veces porque el material puede causar lesiones, pero intencional y productivo. Los romanos les atribuían a las musas el don de crear mosaicos por la belleza del producto final, y la recreación del mosaico que ha sido su corazón hecho añicos, como Mari lo describe, parece contar con el acompañamiento de las musas a juzgar por la serenidad que Mari proyecta.

Como madres nos identificamos con el poder de la intuición que nos hace sensibles, no empece la distancia, a percibir que algo anda mal con alguno de nuestros hijos en el momento preciso en que atraviesan por situaciones de peligro o dificultad. También nos identificamos con la experiencia de que precisamente cuando pensamos que todo anda bien, la vida nos sorprende con alguna catástrofe. "Cuando creía que todo iba bien con mis hijos", expresa la autora como para prepararnos para lo peor. Sin duda, la vida nos da sorpresas...Ay Dios. Pero lo que nos lleva a pensar en Dios, por ser personas de fe, es la escena, quizás la más impactante de todo el libro, del momento en que la madre se para frente al féretro donde yace su hijo muerto. Allí queda revelado el amor sin límites de una madre que podemos comprender, pero, sobre todo, que nos mueve a identificar el amor de Dios por la humanidad desplegado en el recuento bíblico a través de la vida y muerte de Jesús. "Daría lo que tengo y lo que no tengo por estar en su lugar, por cambiar mi vida por la de él," expresa con honestidad, lamentando en su caso que no lo pudo salvar.

El otro aspecto que, aunque no quisiéramos nos hace pensar desde la fe es la mención y elaboración del concepto "esperanza", presentado desde el principio en el titulo y afirmado al final del libro. Entendemos que hablar de la esperanza divorciada de la búsqueda de la justicia es reducir la esperanza a una ilusión. La autora claramente se sitúa fuera de este ámbito al articular un reto concreto motivándonos a buscar y construir la esperanza desde la justicia. La esperanza nos mueve hacia la participación en la transformación de la sociedad como muy bien lo articula Marisol.

Este libro cuenta con una excelente introducción escrita por Jerry Segarra.

101

Les exhorto que la lean para conocer mejor a la autora. También incluye una dedicatoria a las mujeres que, por ser hoy el Día Internacional de la Mujer Trabajadora, quiero leerles a manera de comentario final.

Dedico este trabajo a ti, a mí y a ustedes que son muy especiales, que se enfrentan a la vida con mucha valentía y sin temor a equivocarse y siempre de frente ante cualquier situación, sin miedo a lo que puedan enfrentar cada día.

A ustedes, mujeres de Puerto Rico, que todos los días se levantan, trabajan, luchan por vivir y sobrevivir sin saber lo que la vida les depara. Que enfrentan la maldad, el discrimen, el desprecio, el machismo, la injusticia, y los problemas sociales.

Cada día intentan ser más humanas, más generosas, que ríen, que lloran, que aman, que luchan y que viven y se aferran a dar lo mejor ante cualquier circunstancia.

Que jamás reprochan conocer a la gente, sin importar de dónde vienen, ni quienes son, y si fallan, siempre estarán dispuestas a dar lo mejor de sí y superarse, y aunque estén cansadas y muchas veces decidan rendirse, siempre habrá un motivo, una razón para seguir, una inspiración y una esperanza.

Siempre estarán dispuestas a escuchar, ayudar y a brindar una mano amiga.

Siempre recuerden de dónde vienen y por qué aman y odian su pasado, que son experiencia que la Vida le dio y la lección más liberadora, que es amarse y aceptarse, tal es el mayor descubrimiento, que brillas con luz propia, y sabes que eres completa e incondicional, eres el transporte que utilizamos para dar vida, eres frágil, delicada, complaciente, alegre, vanidosa, compasiva, eres fuerza, placer, gratitud y dinamismo.

> *Sonríe, y hazlo mucho porque eres hermosa,*
> *eres la mejor creación porque tienes el más duro tra-*
> *bajo, el de ser mujer.*
> **Marisol Torres**

Muchas gracias.

Rvda. Eunice Santana Melecio
8 de marzo de 2019.
Arecibo, Puerto Rico

Imágenes de la presentación,
8 de marzo de 2019, Arecibo.